Le pique-nique de

Jean-Louis PESC

Ce matin-là, en sortant ses petits animaux, Sylvain les trouva très tristes.

— J'ai l'impression que nos petits amis s'ennuient, se dit-il.

Il en parla à Sylvette qui lui dit :

— C'est parce qu'ils n'osent pas gambader comme ils le voudraient. Ils ont peur des méchants compères qui sont toujours en train de rôder autour de la chaumière.

— J'ai une idée, dit Sylvain. Nous allons les emmener pique-niquer dans la montagne. Sylvain attèle Gris-gris à la charrette. Tout le monde est embarqué dedans et c'est le départ.

On arrive bientôt au bord du torrent.

— Tout le monde descend ! dit Sylvain.
Les animaux ne se font pas prier...

... et se mettent à gambader joyeusement. Sylvain commence à pêcher et Sylvette prépare le repas. Cui-cui, perché sur un arbre, fait le guet. C'est vrai qu'avec les compères, on ne sait jamais...

Sylvain a pêché des truites et des petits poissons pour les gourmands comme Moustachu et Alfred. Gris-gris, Barbichette et Mignonnet broutent à leur aise. Il fait beau et tout le monde est content.

Après le déjeuner, Sylvain est retourné à la pêche et a retiré ses sabots pour s'avancer dans la rivière. Sylvette fait ses recommandations aux animaux :

— Ne vous éloignez surtout pas, leur dit-elle.

Raton, qui veut toujours être plus malin que tout le monde a une idée pour épater ses amis. Il monte dans un des sabots de Sylvain en disant qu'il est un grand navigateur.

Mais voilà... le courant est très fort et emporte rapidement le sabot et son passager. Raton n'avait pas prévu cela et quand Cui-cui donne l'alerte, le grand navigateur est déjà loin...

Plus loin, il y a une chute d'eau. Raton va sûrement y être précipité et, à coup sûr, s'y noyer...

Sylvain a une idée : il enlève sa longue ceinture et demande à Coin-coin de voler au secours de Raton. Le canard s'envole aussi vite qu'il peut...

... et survole Raton qui attrape la ceinture et s'y cramponne désespérément. Il était temps. Raton allait être précipité dans la chute d'eau...

Raton est sauvé, et le sabot de Sylvain aussi. Remorqué par Coin-coin, il remonte le courant.

Raton et Coin-coin sont fêtés par tous leurs amis mais Sylvette n'est pas contente et gronde sévèrement le petit rat d'avoir désobéi.

— Ze l'avais dit que c'était danzereux, ajoute Cloé.

Raton a promis de ne plus désobéir, mais tiendra-t-il sa promesse ? Il est moins fier que tout à l'heure et se met à bouder, ce qui n'est pas beau du tout. Le reste de la journée se passe joyeusement...

... Et en fin d'après-midi, c'est le retour vers
la chaumière. On n'aura pas vu les compères.